DE LA FILIATION

ET

DE LA PATERNITÉ

LÉGITIMES.

DE L'IMPRIMERIE DE FAIN, PLACE DE L'ODÉON.

DE LA FILIATION

ET

DE LA PATERNITÉ

LÉGITIMES,

ET PARTICULIÈREMENT DE LA RÈGLE : *PATER EST QUEM NUPTIÆ DEMONSTRANT*, D'APRÈS LES ARTICLES 312, 313, 314, 315, 316, 317 ET 318 DU CODE CIVIL ;

PAR M. DELAMALLE,

ANCIEN AVOCAT, ET ANCIEN BATONNIER DE L'ORDRE DES AVOCATS DE LA COUR ROYALE DE PARIS, CONSEILLER D'ÉTAT.

A PARIS,

CHEZ DELAUNAY, LIBRAIRE, PALAIS-ROYAL.

1817.

AVANT-PROPOS.

DANS une cause notable de filiation légitime et de désaveu de paternité, on a entendu un juge dire : « Oui, comme homme, je crois bien que M..... n'est pas le père du réclamant ; mais, comme juge, la loi m'oblige à le déclarer tel. »

Cette étrange proposition, que j'ai vu plus d'une fois mettre en avant, blesse évidemment la raison : elle aurait des conséquences si déplorables, qu'il est difficile de se persuader qu'elle ait réellement un juste principe dans la loi.

Comment ! il y aurait une législation telle, que les tribunaux se verraient contraints, par la loi elle-même, de déclarer un enfant légitime lors même que son illégitimité leur serait évidente, et à l'attribuer à une famille à laquelle ils seraient convaincus qu'il n'appartient pas? Cela ne se peut.

C'est appliquer très-faussement une idée vraie et juste en d'autres cas, mais intolérable en celui-ci.

Lorsque la loi ne permet pas la preuve d'un fait ou d'un droit (ce qui a lieu pour certaines choses), en vain ce fait et ce droit sont-ils manifestes pour le juge ; il n'a pas à en connaître, et c'est alors qu'il est obligé de repousser l'évidence même, dont il n'a pas à s'occuper. Alors on peut, si l'on veut, distinguer sa conviction comme homme, de son devoir comme juge ; ce qui est fort indifférent, attendu que la loi a, pour ce qu'elle ordonne en pareil cas, de justes motifs d'ordre et d'intérêt publics que la raison du juge ne peut ni désapprouver ni même examiner.

Ainsi, lorsque la loi établit l'autorité de la chose jugée, en vain arriverait-on avec une preuve irrésistible du contraire ; elle n'est plus recevable.

Il en est de même de toutes les fins de non-recevoir, et de toutes les déchéances où l'évidence et toute la faveur du fond ne sont d'aucune considération.

On oppose à la revendication d'un héritage, ou à la demande en payement d'une dette, la prescription. En vain le juge aura la conviction de la propriété du demandeur ou de l'existence de la créance; la prescription est un moyen légal d'acquérir et de se libérer, qu'il doit admettre alors même qu'il n'en approuverait pas l'usage.

La loi, pour certains engagemens; veut un acte authentique, et ne se contente pas d'un écrit privé; inutilement la vérité de l'engagement est manifeste par l'écriture privée; la loi ordonne au juge de la rejeter : c'est le cas où sa conviction comme homme doit céder à son devoir comme juge.

En peut-il être de même en matière de filiation, où il s'agit d'un fait que la loi met en question, lorsque les preuves directes et absolues venant à manquer, elle admet les preuves supplétives, et reçoit les parties en faits contraires?

Lorsque le juge est admis à délibérer, l'homme peut-il se séparer du juge; ou bien, la loi lui trace-t-elle un cercle d'idées dans lesquelles il doive se renfermer, nonobstant que la conviction humaine puisse se trouver hors de ce cercle?

C'est l'examen de cette question singulière qui, m'ayant porté à en rechercher le principe et la solution dans la législation, m'a conduit, en revoyant les élémens de cette législation, à composer la dissertation qui suit, et dont j'ai cru que la publicité pouvait être utile.

On y verra qu'une telle opinion n'a pu naître que de la jurisprudence mal entendue dans l'absence de lois positives, et particulièrement d'une application outrée de la règle *Pater is est quem nuptiæ demonstrant*; règle nécessaire, mais limitée; présomption juste et salutaire admise pour suppléer l'évidence, mais qui ne peut jamais servir à la repousser de quelque manière qu'elle se forme et qu'elle saisisse l'esprit de l'homme.

On reconnaîtra d'ailleurs que ces incertitudes et ces obscurités de jurisprudence disparaissent devant les dispositions positives du Code civil, qui a fixé les règles de la manière la plus méthodique et la plus claire dans les chapitres 1er. et II du titre VII du livre 1er., qui sont, sans contredit, des meilleurs comme des plus importans de ce Code.

Je désire que cette dissertation paraisse aux magistrats et aux jurisconsultes digne de leur attention. J'aurais pu, sur un pareil sujet, aisément composer un volume ; j'ai préféré de ne dire que ce qui était nécessaire à la solution des questions que je me suis proposées; j'ai compté sur le savoir de ceux pour lesquels j'écris : d'ailleurs les raisons sont ici à la portée des moins savans en droit; et la brièveté, quand elle n'ôte rien à la clarté, convient à tout le monde.

DE LA FILIATION

ET

DE LA PATERNITÉ

LÉGITIMES.

La filiation légitime constituant les familles, pose le premier fondement de l'état civil : les preuves de cette filiation garantissant aux individus tous les droits de famille, et à la société générale l'ordre sur lequel elle repose, sont au premier rang de celles qui importent à l'état comme aux citoyens.

En même temps, la difficulté de les déterminer sur un fait dont la nature seule a le secret, et de les faire prévaloir sur les passions les plus désordonnées des hommes, les a placées au premier rang dans l'œuvre de la législation. On peut mesurer la perfection de la civilisation sur celle de cette législation. Aussi voit-on que, parmi nous, l'une a suivi les progrès de l'autre.

Nos anciennes coutumes sont muettes sur

l'état des personnes : nous en devons les principes aux lois romaines. Notre jurisprudence les a developpés et perfectionnés. Le Code civil a recueilli et élaboré les décisions de cette jurisprudence; il en a fait un corps de règles positives qui mettent fin aux controverses toujours renaissantes sur ces matières, et sont aujourd'hui des guides certains au milieu des circonstances diverses que les espèces peuvent présenter : c'est un des services que ce Code a rendus à la société.

Le titre VII du livre 1er., qui traite de la paternité et de la filiation, ayant pour objet d'en déterminer les preuves et de régler les actions auxquelles la réclamation du droit de naissance peut donner lieu, est celui qui contient les règles fondamentales de l'état des familles.

Il est divisé en trois chapitres, dont le premier concerne la filiation des enfans légitimes ou nés dans le mariage; le deuxième, les preuves de cette filiation, et le troisième les enfans naturels.

On ne s'occupe ici que de la légitimité, c'est-à-dire, de la filiation qui a le mariage pour principe.

Les questions qui se peuvent élever sur la légitimité sont de deux espèces, et naissent de la situation dans laquelle se présente celui qui réclame son état, avec ou sans titre légal.

Lorsqu'il se présente sans titre légal, sans acte de naissance ou sans possession conforme à sa prétention, c'est à lui à tout prouver; et la loi détermine les cas où il peut être admis à produire des preuves supplétives, et de quelle nature elles doivent être : c'est la matière du chapitre II du titre VII. Les dispositions en sont claires, précises, soigneusement extraites de la jurisprudence bien établie; elles ferment la porte à ces tentatives trop souvent hasardées par la cupidité et par l'imposture.

Lorsque le réclamant se présente avec son acte de naissance et la possession constante de l'état qu'il revendique, il ne peut y avoir de contestation soutenable : quelques faits que puissent alléguer, quelques preuves que puissent offrir les parens qui voudraient le repousser, ils ne sauraient être écoutés. En effet, dans l'ordre de la nature et de la loi, rien ne peut ébranler un pareil corps de preuves.

Mais il ne faut pas perdre de vue que le mariage étant le fondement de la légitimité, l'existence d'un mariage valable est l'antécédent nécessaire et toujours supposé des titres du réclamant; en sorte que, si le mariage peut être mis en question, le sort de l'enfant et la valeur de ses titres y sont subordonnés.

Sur le fondement d'un mariage non valable

ou supposé, on peut dresser des actes de naissance, élever des enfans comme nés d'un mariage, et leur créer un titre et une possession apparente de légitimité.

Il faut observer aussi que le mariage ne peut pas toujours être mis en question vis-à-vis des enfans; et, par exemple, le fait même du mariage ne peut, après la mort des père et mère, être contesté aux enfans qui sont en possession constante de l'état d'enfans de personnes mariées, faute par eux de représenter l'acte de mariage; car cet acte peut être tout-à-fait hors de leur puissance comme de leur connaissance : on ne saurait les réduire à l'impossible. On ne peut raisonnablement être obligé à produire un acte auquel on n'a pas été partie. Le réclamant qui a la possession ne peut pas davantage, par les mêmes motifs, être réduit à la nécessité de représenter son acte de naissance.

Tous ces points, hors de doute et bien établis par la législation, ne peuvent plus admettre de controverse sur le droit, et sont devenus d'une application facile aux circonstances.

Le cas où la filiation peut donner lieu encore à des questions et à des difficultés sérieuses, est celui où la possession manque, ou bien n'est pas constante, et ne réunit pas tous les caractères qui la constituent, et que la loi requiert.

C'est celui où le réclamant se présente avec un acte de naissance combattu par une possession contraire, et où cet acte peut être argué de supposition et de faux.

C'est celui où, à défaut de possession et d'acte de naissance, le réclamant produit des écrits authentiques ou privés, émanés de ceux qu'il réclame comme ses parens; et desquels il veut faire résulter sa filiation.

C'est celui surtout, où la maternité étant certaine, le mari de la mère désavoue l'enfant.

Dans les deux premiers cas, le droit n'est pas douteux; avec le commencement de preuve par écrit, la preuve testimoniale est reçue: tout gît dans l'appréciation des faits et des témoignages.

Dans le dernier cas, le fait d'une paternité déniée est le secret de la nature, et le législateur s'est trouvé placé entre l'impossibilité de juger ce secret, l'obscurité dont les passions le couvrent encore, et la nécessité de prononcer sur l'état des enfans désavoués. C'est ce qu'il a fait par la règle fameuse : *Pater is est quem nuptiæ demonstrant*, que l'article 312 du Code place en tête du chapitre sur la filiation des enfans nés dans le mariage, en ces termes: « L'enfant conçu pendant le mariage, a pour » père le mari. »

Cette règle, que la raison et la nécessité sanctionnent d'un commun accord, a cependant laissé après elle de sérieuses difficultés, attendu qu'à la place de la certitude impossible du fait, elle met une présomption, comme remède à l'impuissance de connaître la vérité; et qu'en même temps, il n'est pas moins impossible de se refuser à l'évidence du contraire quand cette évidence apparaît.

Mais, quand paraît-elle? où peut-elle être? N'admettra-t-on qu'une évidence de fait? reconnaîtra-t-on une évidence d'induction et de conviction morale? Faut-il absolument, et sans restriction, une impossibilité physique à la cohabitation du mari avec la femme? Admettra-t-on l'impossibilité de leur réunion résultant de circonstances qui ne permettent pas de croire qu'elle ait eu lieu? Telle est la question sur laquelle les auteurs du Code, conférant tous les monumens de la jurisprudence, se sont décidés, dans des cas déterminés, pour l'admission de la preuve résultant de tous les faits propres à produire la conviction morale. C'est la disposition de l'article 313 du Code.

C'est de cette disposition, conférée avec la règle *Pater est*, etc., et avec celle de l'impossibilité physique; c'est de cette grande et importante question de l'état civil que nous nous proposons de traiter ici, pour l'éclaircissement et la justification de la législation du Code.

On remarquera d'abord que, pour donner lieu à la question propre de paternité, il faut que la mère soit certaine, par l'acte de naissance et par sa reconnaissance de l'enfant qui s'en prévaut; car la recherche de la maternité est interdite à celui qui, dénué de titres et de possession, ne vient, dans sa demande pour être admis à prouver une maternité mystérieuse et des faits cachés, offrir que des indices de l'adultère de celle qu'il prétend être sa mère.

C'est une des particularités remarquables de cette matière. Autant on accorde de valeur à la maternité hautement annoncée au moment de la naissance, et consignée dans l'acte public, et l'on repousse en ce cas la supposition de l'illégitimité; autant on se refuse aux preuves indirectes et irrégulières de maternité, quelque démonstratives qu'elles paraissent, effrayé alors de l'évidence morale de l'adultère.

Cette disposition contraire des esprits a un juste fondement dans la nature et dans l'intérêt de la société. C'est en effet une puissante raison de croire à la paternité du mari, que l'enfantement public de la femme; et un grand intérêt social que l'acte qui en est dressé publiquement, et avec toutes les formes légales, en fasse foi. C'est aussi, tout au contraire, un témoignage bien imposant de la conscience de la femme, que les ombres dont elle s'enveloppe pour enfanter; et la société doit, pour l'intérêt des familles, désirer qu'on résiste à permettre des preuves qui, manifestant avec le fait le vice qu'on a voulu cacher, n'introduiraient que scandale et que trouble.

C'est en même temps une importante question sur ce point, que celle de savoir ce qui constitue la publicité de l'enfantement et celle de la déclaration de la maternité. J'aurai à l'examiner.

Il est sensible d'ailleurs qu'il ne peut pas davantage y avoir lieu à la question propre de paternité, si le mari a été présent à la naissance de l'enfant, s'il l'a été à l'acte de naissance. La question de légitimité ne peut se rattacher, en ce cas, qu'à l'existence ou à la validité du mariage.

Ces préliminaires bien entendus, entrons dans l'examen de la législation sur la paternité et la filiation légitimes.

Le fondement nécessaire de la filiation légitime est le légitime mariage de la mère.

Si un enfant naît de la femme mariée, c'est une présomption naturelle et nécessaire que le mari est le père; naturelle à cause de la cohabitation de fait et de droit établie par le mariage ; nécessaire à cause du mystère impénétrable de la paternité, et de l'impossibilité où l'on est souvent de fixer autrement l'origine et l'état des familles.

Néanmoins cette règle n'étant qu'une présomption tirée de la vraisemblance, résultant elle-même de la relation de la paternité avec l'état du mariage ; ce qui est vraisemblable peut n'être pas vrai, et doit céder à la démonstration du contraire.

Toute la question est de savoir quand il y a preuve contraire ; car c'est la difficulté de la preuve contraire qui fait prévaloir la présomption.

On est placé là entre deux écueils, celui de porter atteinte à la légitimité, et d'ébranler le fondement de l'état civil ; celui de légitimer le fruit de l'adultère.

De ces deux considérations, la première est la plus imposante, parce qu'elle est d'un intérêt général, tandis que l'autre est individuelle.

C'est ce qui, dans l'incertitude, peut faire préférer le risque de légitimer un adultérin à celui de dégrader un enfant légitime, parce que, dans ce cas, l'exemple attaque la règle générale, et dans l'autre, il ne blesse qu'un intérêt particulier.

Mais quand doit cesser l'incertitude ? quand doit-on admettre qu'il y a preuve contraire ? Faut-il nécessairement une preuve matérielle et qui tombe sous les sens ? Ne peut-on opposer présomption à présomption ? Ne peut-il y avoir contre la légitimité, de présomption plus forte que celle qui se tire en faveur de l'enfant, du mariage de sa mère ?

Cette présomption n'est autre que celle de la cohabitation naturelle à l'état du mariage ; il est cependant possible, et il arrive souvent que des gens mariés ne cohabitent pas.

En reconnaissant, comme on ne pouvait s'en dispenser, que cette présomption, fondée sur un fait qui n'induit que la possibilité et non la certitude d'un autre fait, devait céder à la preuve contraire, il était hors de doute que l'impossibilité physique de la cohabitation était un fait contraire ; mais la difficulté est restée de savoir quand cette impossibilité existait ; et ce fut le sujet de grands débats, même dans les cas qu'on pouvait en croire le moins susceptibles.

On n'a pu concevoir que deux causes d'impossibilité physique : l'impuissance du mari, et son absence au moment de la conception.

Pendant long-temps, on a considéré l'impuissance comme pouvant être naturelle ou accidentelle.

La supposition d'une impuissance naturelle, si embarrassante à constater, donnait lieu à tant de scandale, à tant de méprises ; a produit des jugemens si complétement démentis après coup par des faits contraires, qu'elle a enfin perdu tout crédit. L'article 113 du Code civil la rejette absolument, déclarant que le mari n'est pas recevable à désavouer l'enfant, en alléguant son impuissance naturelle ; en quoi le Code n'a fait qu'adopter l'opinion suivie en France depuis un siècle.

Quant à l'impuissance accidentelle résultant d'infirmités survenues par maladie ou blessure, elle peut être établie sur des faits positifs et reconnus par les gens de l'art, sans équivoque et sans scandale : la nature et l'époque de l'accident doivent être constatées de manière à ne laisser aucun doute.

Il n'en est pas de même de l'absence. Quel doit en être le caractère ? Il faut établir qu'elle existait au moment de la conception ; mais ce moment est un secret de la nature que les plus savans naturalistes, les médecins les plus expérimentés n'ont pu surprendre. Pour le déterminer avec certitude, il aurait fallu connaître pour l'accouchement un terme fixe et invariable. Au contraire, d'un côté, il a été généralement reconnu qu'un enfant pouvait naître viable au septième mois de la grossesse ; de l'autre, on n'a pu s'accorder sur le plus long terme possible de la gestation; et dans la controverse, plus d'une fois agitée entre les docteurs, on a multiplié les exemples de grossesses portées loin au-delà du terme ordinaire de neuf mois, jusqu'à dix, onze et douze mois. Plusieurs ont soutenu qu'il était impossible de déterminer le terme le plus long, parce qu'il l'était de connaître toutes les causes capables de retarder l'accouchement.

Dans cet état de la doctrine, la jurisprudence a flotté long-temps incertaine, se décidant, selon les circonstances à déclarer la légitimité ou l'illégitimité de l'enfant né au-delà des neuf mois après la mort du mari ; on cite des arrêts qui ont porté la condescendance jusqu'à treize mois.

Cependant les auteurs du Code, ne croyant pas devoir abandonner plus long-temps à une pareille incertitude le premier fondement de la filiation légitime, ont adopté, dans le cas de la naissance hâtive, la décision de la loi romaine, au Digeste, *de suis et legitimis hæredibus*, qui se contente de cent quatre-vingt-deux jours ou de six mois accomplis; et sur les naissances tardives, celle de la loi 11 au même titre, qui déclare illégitime l'enfant né au-delà du dixième mois : ainsi, la loi, laissant à la nature son secret, et préférant une base fixe pour le plus grand nombre des cas qui se présentent, à la découverte impossible de la vérité dans des cas certainement très-rares, a pris, dans la révolution de dix mois, une latitude qui met autant que possible la légitimité à couvert.

De cette législation, il suit, que l'enfant n'est reconnu pour avoir été conçu pendant le mariage, qu'après six mois révolus de ce mariage, ou lorsque sa naissance n'est pas postérieure à dix mois révolus à la mort du mari. Il suit aussi, dans le cas allégué de l'absence du mari, que pour fonder son désaveu, il faut qu'elle ait existé au moins jusqu'aux six derniers mois qui ont précédé la naissance, ou, comme le dit la loi, comptant les mois de trente jours, *depuis le trois centième jusqu'au cent quatre-vingtième jour avant la naissance de l'enfant.*

Mais encore, comment faut-il entendre l'absence ? Ce ne peut pas être simplement l'absence du domicile, car le mari peut joindre sa femme hors de ce domicile. C'est cette possibilité de la réunion du mari à sa femme sans réintégrer le domicile, qui est toujours objectée dans ces sortes de causes. L'impossibilité physique ne pourrait résulter que de circonstances qui apportassent un obstacle invincible à la réunion. Tels seraient la captivité du mari, ou bien un éloignement qu'il lui eût été impossible de franchir dans le temps donné par la loi. Mais, en ce qui touche l'éloignement, dans les quatre mois de latitude que la loi admet pour la conception légitime, on peut venir de bien loin; on peut se joindre des extrémités du monde; et l'on peut se joindre en plus ou moins de temps, de plus ou de moins loin, selon les circonstances et les moyens, par telle ou telle route, selon les vents ou les temps favorables ou contraires, enfin, selon la passion qu'on y met. Que de conjectures, que de probabilités se mêlent nécessairement à l'examen de la possibilité physique!

Et si l'on veut se tenir absolument à la possibilité physique, on se jette dans l'absurde, et dans les quatre mois, on réunit le mari et la femme sur la route de Paris à Constantinople ou à Philadelphie.

Poussant même l'incrédulité jusqu'au point où elle peut l'être, on dirait que la captivité ne suffit pas encore pour mettre l'impossibilité hors de doute, attendu que la femme peut s'être fait ouvrir la prison, ou que les gardiens peuvent avoir été gagnés pour laisser sortir le mari. Et aussi, dans le cas d'infirmité alléguée, on soutiendrait que les circonstances anatomiques ne sont pas assez invariables, et les connaissances médicales assez sûres pour asseoir sur des infirmités ou des maladies, l'impuissance de l'union conjugale.

Il faut donc raisonnablement reconnaître, ou que cette exception d'impossibilité physique serait à reléguer dans les abstractions inutiles, ou que, par la force des circonstances, elle aura toujours plus ou moins quelque chose de moral et de conjectural.

C'est aussi ce qui fait que cette impossibilité appelée physique, n'a jamais pu être bien précisée par la loi, non plus que dans l'application; et que dans les espèces qui se sont présentées, on s'est attaché à soutenir que les circonstances ne l'établissaient pas, plutôt qu'à établir en quel cas elle pouvait effectivement avoir lieu; et lorsqu'elle a été admise, elle a été présumée plutôt que rigoureusement démontrée.

Il a donc fallu de nécessité admettre la considération des circonstances, et s'en rapporter sur leur influence à l'arbitrage des juges.

L'exception de l'impossibilité physique n'étant pas mieux assurée, la question s'élevait de savoir si, contre la présomption *pater is est*, on pouvait admettre une réunion de probabilités capable de lever les doutes et de former une preuve contraire ; s'il pouvait enfin se former une évidence morale de l'impossibilité de l'union des époux, dans un temps et des circonstances déterminés.

Il s'est établi, par une interprétation trop étendue des lois romaines, et sur une interprétation hasardée de quelques arrêts, une opinion que l'impossibilité physique résultant de l'infirmité ou de l'éloignement était seule admissible. Mais, comme nous l'avons déjà vu, cette impossibilité est restée dans les abstractions, et l'on n'a réellement pas fondé l'exclusif de ce genre de preuves sur des autorités réelles.

Jamais on n'a pu prononcer légalement l'exclusion de la preuve morale, et de toute autre démonstration qu'une impossibilité physique. La preuve morale, conjecturale, et le plus souvent douteuse, a dû se montrer dans l'application difficile et rare; mais la rejeter légalement, c'eût été blesser la raison et la justice, en méconnaissant la possibilité d'une évidence morale, et la puissance des inductions, dans une matière de faits et de mœurs, où la règle *pater is est* n'est elle-même, comme toutes les présomptions, qu'une règle morale.

Il sort en effet quelquefois de la nature et de la réunion des inductions une telle évidence, qu'elle produit une conviction et une conscience irrésistible; et qu'en refusant de s'y soumettre en matière de filiation, on couronnerait le fruit du crime, contre le cri de la conscience; on offenserait la légitimité même par un aveugle respect pour elle.

Aussi, ne voit-on cette exclusion prononcée nulle part : au contraire, la possibilité de la preuve par des inductions opposées, toujours avouée par la raison, a été plus d'une fois jugée; et elle est devenue une disposition positive de notre législation actuelle, dans l'article 313 du Code civil, qui, dans les cas déterminés, livre le mérite des circonstances à l'arbitrage des juges.

Avant le Code civil, nous prenions dans le droit romain les règles de nos décisions sur les points les plus importans de l'état des personnes, sur les preuves de la filiation, sur la légitimité, les enfans naturels, la minorité : sur l'état conjugal, la puissance maritale, les causes de séparation, etc.; et notre droit était sur ces matières tout en jurisprudence.

Que disaient le droit romain et notre jurisprudence sur la légitimité et sur le désaveu des enfans nés de la femme mariée? Établissaient-ils que l'impossibilité physique de la cohabitation fût le seul motif de désaveu admissible?

Non ; et d'abord, quant au droit romain, on ne trouve rien de semblable au titre *de agnoscendis liberis* ; et la loi 6 au Digeste, *de his qui sui vel alieni juris sunt*, ne le dit pas. Cette loi contient toute la substance de la législation romaine sur la reconnaissance et le désaveu des enfans nés *constante matrimonio*. Elle porte :

« Filium eum definimus qui ex viro et uxore » ejus nascitur ; sed si fingamus abfuisse maritum, verbi gratiâ, per decennium reversum » anniculum invenisse in domo suâ : placet » nobis, Juliani sententiâ, hunc non esse mariti filium. Non tamen ferendum Julianus » ait, eum, qui cum uxore suâ assiduè moratus nolit filium agnoscere, quasi non suum. » Sed mihi videtur, quod et Scævola probat : » *Si constet maritum aliquandiù cum uxore* » *non concubuisse infirmitate interveniente, vel* » *aliâ causâ ; vel si eâ valetudine paterfamiliâs fuit, ut generare non possit* : hunc qui » *in domo natus est, licet vicinis scientibus*, » filium non esse. »

Ces termes, *si constet maritum aliquandiù cum uxore non concubuisse, infirmitate interveniente, vel aliâ causâ*, admettent tous les moyens de prouver la non cohabitation. Après avoir supposé le cas de la longue absence du mari, et l'avoir admis pour motif de désaveu ;

après avoir déclaré que le mari qui a constamment habité avec sa femme, ne doit pas être reçu à désavouer, c'est encore par exception que la loi ajoute : *Sed si constet maritum aliquandiù cum uxore non concubuisse infirmitate interveniente, vel aliâ causâ.*

Ainsi, la non cohabitation momentanée coïncidente avec l'époque de la conception, soit pour infirmité, soit pour autre cause, suffit pour autoriser le désaveu ; et la nature des preuves, la manière de rendre le fait constant n'est ni spécifiée, ni limitée.

Les mots, *licet vicinis scientibus*, sont encore remarquables, en ce qu'ils admettent le désaveu, lors même que la femme est accouchée publiquement dans la maison conjugale.

Il est encore un texte de la loi romaine, considérable sur les motifs de désaveu ; c'est celui de la loi XI au Digeste, *ad legem juliam*, qui statue sur le cas de l'adultère de la femme, et qui décide que l'adultère prouvé n'établit pas nécessairement l'illégitimité de l'enfant conçu pendant l'adultère.

Dans l'espèce de la loi, on demande à Papinien, si la femme accusée d'adultère après la mort de son mari, ayant un enfant impubère, peut requérir, dans l'intérêt de son enfant, qu'il soit sursis à la poursuite pendant la puberté.

Le jurisconsulte répond qu'il n'y a pas lieu de s'arrêter à sa demande, *nam non utique crimen adulterii quod mulieri objicitur infanti prejudicat, cùm possit et illa adultera esse, et impubes defunctum patrem habuisse;* car, l'accusation d'adultère, intentée contre la mère, ne préjudicie pas nécessairement à l'enfant, qui peut être légitime, quoique la mère soit adultère.

De cette décision qui statue sur l'exception dilatoire que la mère accusée veut tirer de l'intérêt de son enfant, on n'est pas fondé à conclure que, si l'enfant était lui-même attaqué comme adultèrin, le fait de l'adultère de la mère ne devrait, dans aucun cas, entrer en considération sur la légitimité, ce qui serait hors de raison.

La loi prononce seulement, que la mère n'est pas recevable à se couvrir, pour éluder l'accusation, de l'intérêt de son enfant qui n'est pas lié à cette accusation, puisque du fait seul de l'adultère, on ne peut pas induire, comme une conséquence nécessaire, que l'enfant qu'elle a mis au monde en soit le fruit; car, si dans le même temps elle a pu cohabiter avec son mari, celui-ci peut en être le père : en deux mots, le fait seul de l'adultère ne détruit pas la présomption de la paternité de mari.

Mais ne peut-il se rencontrer aucune autre

circonstance, de nature à ébranler, et même à faire cesser cette présomption, particulièrement, à rendre le fait de l'adultère prouvé, applicable à l'enfant ? C'est ce que la loi romaine est loin de décider négativement.

Il ne résulte donc, d'aucun texte de loi romaine, que l'impossibilité physique soit exclusivement la seule preuve admissible de l'illégitimité de l'enfant né d'une femme mariée.

Ce que la loi romaine ne décidait pas, notre jurisprudence l'aura-t-elle établi ? Il ne faut pas de grandes recherches pour s'assurer qu'au contraire l'impossibilité morale était admise, et que, dans plus d'une cause notable, elle a servi seule à combattre et à faire écarter la règle, *Pater is est quem nuptiæ demonstrant.*

Avec les arrêts, nous avons sur notre jurisprudence des monumens d'une grande autorité ; ce sont les témoignages des magistrats qui ont porté la parole dans des causes de cette espèce.

Par l'examen attentif de la jurisprudence et de ses divers monumens, on voit que l'opinion de la nécessité de l'impossibilité physique pour faire cesser la présomption de la règle, *Pater is est*, opinion essentiellement soutenue et mise en honneur par M. d'Aguesseau, a toujours été prédominante, sans jamais être déclarée exclusive ; que l'impossibilité tirée de l'absence n'a jamais été précisée, et qu'elle est restée conjecturale et déterminée sur les vraisemblances, plutôt que sur l'impossibilité absolue ; que l'impossibilité morale a prévalu, dans plus d'une cause, sur la règle, *Pater is est quem nuptiæ demonstrant ;* que des magistrats d'un grand nom et d'une grande autorité n'ont point fait difficulté d'en reconnaître la puissance et de la déclarer admissible, comme capable de vaincre en certains cas la présomption légale ; et qu'enfin le Code civil, en admettant par l'art. 313 la preuve par les faits contre cette présomption, et s'en rapportant à l'arbitrage des juges, n'a fait que sanctionner une décision déja établie par nombre d'arrêts et par de graves autorités.

Entrons dans quelques détails sur ces différens points.

La grande autorité sur laquelle on s'est toujours appuyé pour n'admettre que l'impossibilité physique contre la présomption légale de paternité, est celle de M. d'Aguesseau ; et l'arrêt toujours cité, est celui rendu dans la cause de Vinantes, sur les conclusions de ce grand magistrat. Il est très-vrai que l'espèce de cette affaire prêtait fort au système de l'impossibilité morale : il est également vrai que M. d'Aguesseau s'y prononce fortement sur l'importance de s'attacher à l'impossibilité physique. Mais il est vrai aussi qu'il y avait des circonstances propres à lever les doutes, telles que la présence du mari au domicile conjugal dans le temps possible de la conception : il est vrai encore que M. d'Aguesseau insistait fortement et avec raison sur ce point ; et qu'enfin, en manifestant tout son attachement au principe de l'impossibilité physique, il ne va pas jusqu'à déclarer que, dans d'autres circonstances encore, aucune évidence morale ne serait capable de la vaincre, ce qu'on ne saurait assurer sans témérité ; puisqu'il est impossible de prévoir jusqu'où les circonstances peuvent aller et porter la conviction ; et puisque, plus d'un exemple fait voir qu'elles ont entraîné l'opinion et triomphé de la présomption légale et de la possibilité physique.

Nous allons rapporter ici les propres termes de M. d'Aguesseau.

« Il n'y a donc que deux preuves contraires » qui puissent être opposées à une présomp- » tion si favorable.

» La longue absence du mari ; et même » nous pouvons ajouter, conformément à l'es- » prit de la loi, qu'il faut que cette absence » soit certaine et continuelle.

» L'impuissance, ou perpétuelle ou passagère, » est la seconde. La loi n'en écoute point d'au- » tre; et il est évident qu'il est même impossible » d'en feindre d'autre, puisque tant que l'ab- » sence, ni aucun autre obstacle n'aura point » séparé ceux que le mariage unit, on ne pré- » sumera jamais que celui qui est le mari ne » soit pas le véritable père?

» Appliquons maintenant ces différens prin- » cipes aux circonstances particulières de la » cause que nous examinons.

» Premièrement, nous pourrions la décider » dès à présent; et, puisque l'on ne justifie ni » une absence assez longue, ni aucun autre » empêchement, la présomption de la loi doit » subsister dans toute sa force.

» Cependant, comme on a prétendu que » l'union de toutes les différentes présomp- » tions que l'on tire du fait, pourrait être com- » parée à ces exceptions générales que la loi » propose, *nous sommes obligés d'entrer dans* » *la discussion de ces argumens*, et de finir » par là l'examen de cette cause.

» L'absence du mari, la présence de l'adul- » tère, le secret de la grossesse de la femme et » de la naissance de son fils, les circonstances » qui l'ont accompagnée, l'obscurité de son » éducation, les soins du sieur Quinquet, les

» déclarations de la mère, le désaveu du père : » ce sont les principaux moyens par lesquels » on a cru pouvoir donner atteinte à la qua- » lité de fils légitime.

» Pour répondre à tous ces moyens, nous » croyons qu'il est de notre devoir d'assurer » d'abord la vérité des faits, et d'examiner en- » suite les inductions que l'on en tire. »

M. d'Aguesseau examine tous ces faits, et continue :

« Telles sont les preuves qui résultent des » informations; preuves si considérables lors- » qu'on les réunit, que les principes mêmes » du droit, et les maximes les plus certaines » paraissent devenir douteuses, en considé- » rant un si grand nombre de témoignages » non suspects, qui concourent à faire présu- » mer que celui qui réclame l'état de fils légi- » time, est le fruit du crime de sa mère.

» N'abandonnons pourtant pas l'autorité des » seuls principes qui puissent assurer la nais- » sance des hommes, et ne nous laissons pas » tellement frapper par cette multitude de pré- » somptions, que nous donnions atteinte aux » fondemens de la société civile.

» *Ces argumens sont vraisemblables, mais* » *ils ne sont pas invincibles;* et pour commen- » cer par celui qui paraît le plus spécieux,

» *l'absence du mari ne nous paraît pas suffisante* pour faire douter de l'état de son fils. » Deux conditions également essentielles lui » manquent absolument pour pouvoir produire » cet effet, *la longueur de la durée*, et *la distance des lieux* dans lesquels le mari et la » femme demeuraient pendant ce temps.

» L'absence du mari a commencé au mois » de mars; elle a fini au mois de juin. Depuis » son départ jusqu'à la naissance de l'appelant, » il n'y a qu'environ dix mois; depuis son retour il y a sept mois entiers d'intervalle : dans » l'un et dans l'autre cas, les lois ont décidé » qu'un enfant pouvait naître légitime.

» Mais qui peut assurer d'ailleurs que le » sieur de Vinantes a rendu un service si » assidu pendant son quartier, qu'il n'ait pas » manqué un seul jour à son devoir? Qui » pourra prouver que, dans une distance aussi » peu considérable que celle de vingt lieues, il » ne sera jamais venu dans sa maison de campagne? Et fera-t-on dépendre d'un fait de » cette nature la certitude de l'état d'un enfant » et sa qualité de légitime?

» Mais, dit-on, l'adultère est constant; la » femme du sieur Vinantes est condamnée, le » crime ne peut plus être douteux.

» Nous n'avons point d'autre réponse à faire

» à cette objection que celle de la loi que l'on » vous a citée : *Potest et illa adultera esse, et* » *impubes defunctum patrem habuisse.* On ne » peut envelopper le fils dans la condamnation » que vous avez prononcée contre sa mère. » Elle peut être criminelle, et son fils légi- » time. »

M. d'Aguesseau, après avoir discuté brièvement les autres circonstances, conclut à la reconnaissance de la légitimité de l'enfant. L'arrêt la prononça, mais l'absence de motifs dans les arrêts d'alors fait qu'on ne voit pas précisément quelle circonstance a le plus influé sur la décision.

Toutefois, celles qui ont dû nécessairement faire la plus forte impression : c'est qu'il n'y avait pas dix mois révolus du départ du sieur de Vinantes, à l'accouchement de sa femme; c'est qu'il était de retour en sa maison sept mois avant cet accouchement; c'est son peu d'éloignement à vingt lieues de distance pendant les trois mois précédens.

Exposons maintenant les autorités et les exemples qui attestent l'adoption et la puissance de l'évidence morale contre la présomption de paternité.

Dans l'affaire de la demoiselle de Choiseul, en 1758, M. l'avocat général Gilbert des Voisins après avoir placé l'impossibilité physique au premier rang des exceptions à la règle *Pater est*, disait au parlement de Paris : « *L'impossibilité morale forme une seconde classe » d'exceptions : elle résulte du concours des » faits, des circonstances ; en un mot, de l'ensemble d'une cause qui prouve qu'il est moralement impossible*, ex communi hominum » more, *que le mari soit le père.* C'est la réunion » de mille particularités qui peuvent varier à » l'infini, qui la produit, et rien n'est plus » critique que de déterminer les cas où il la » faut reconnaître. »

Dans la cause des enfans Raillard et de Marie Leclerc, femme Lecourt, jugée au parlement de Paris en 1745, M. le procureur général Joly de Fleury disait : « D'un autre côté » la règle *Pater est* souffre plusieurs exceptions. » Elle n'a pas lieu quand le mari est im- » puissant, ou tellement éloigné qu'il soit » impossible qu'il ait pu habiter avec sa » femme.

» Cette règle n'a pas encore lieu *quand une » impossibilité morale résulte de titres ou de » présomptions contre la paternité.* » Et, jugeant cette seconde exception applicable aux circonstances réunies dans la cause, le procureur général conclut, et l'arrêt jugea l'enfant Raillard non-recevable à se prétendre fils de Lecourt, le mari de sa mère.

Dans la cause des enfans Simonet, défendue par Gerbier en 1756, M. l'avocat général Saint-Fargeau s'exprimait ainsi : « En nous renfer-» mant dans l'autorité des principes, nous pour-» rions nous borner à dire : Il est prouvé que les » deux mineures sont filles de la dame Simonet, » nées pendant son mariage avec le sieur Simo-» net ; dès lors elles sont filles du sieur Simonet, » à moins qu'il n'y ait impossibilité physique ; » *ou impossibilité morale qu'elles ne le soient*, » ou au moins que les mêmes preuves qui » établissent qu'elles ont pour mère la dame » Simonet, n'établissent plus clair que le jour » qu'elles n'ont pas le sieur Simonet pour père, » Or il n'y a point d'impossibilité physique ; » *il n'y a point d'impossibilité morale* qu'elles » aient le sieur Simonet pour leur père : les » preuves de leur état, en établissant la ma-» ternité, ne détruisent point évidemment la » paternité du mari : donc elles sont filles du » mari ; la présomption légale n'étant pas dé-» truite *par une évidence contraire*, cette » qualité leur est assurée d'une manière irré-» vocable. »

Dans l'affaire du sieur de Rougemont se prétendant fils des sieur et dame Hatte, M. l'avocat général Séguier ayant à discuter l'application qu'on faisait à la cause, de la maxime *Pater est*, et posant les cas d'exception à cette règle, après avoir rendu hommage à l'impossibilité physique résultante de la longue absence du mari, ou de son impuissance, ajoutait : « Il » est vrai que de nos jours on a voulu admettre » une seconde classe d'exceptions *qu'on a fait* » *résulter de l'impossibilité morale*. On a encore » présenté, pour exception à la règle, l'indivi- » sibilité du titre, c'est-à-dire, quand les preuves » qui tendent à établir la maternité sont exclu- » sives de la paternité.

» Ce système, disait M. Séguier, peut avoir » ses partisans; nous nous garderons bien de » chercher à le combattre; nous respectons » trop la mémoire du magistrat qui, le pre- » mier, a cru devoir le présenter à la jus- » tice. »

Mais bientôt M. Séguier lui-même se vit contraint de l'embrasser et de le faire triompher dans une cause où il n'y avait réellement qu'impossibilité morale et indivisibilité de titre. Ce fut dans celle des enfans de Beance et de Marie Carneville, jugée au parlement de Paris en 1779.

Marie Carneville, femme d'Antoine Lemarié, établi à Chauni près Pontoise, quitte son mari pour suivre Jean-Baptiste Beance, et vivre avec lui à Barneville, près Rouen, se disant mari et femme. Quatre enfans naissent de ce commerce, inscrits aux registres des baptêmes comme nés en légitime mariage de Beance et de Marie Carneville. Beance étant mort, Marie Carneville assiste à son enterrement comme sa veuve; elle continue d'habiter à Barneville; Elle marie une de ses filles, toujours comme née de Beance et de Marie Carneville.

Antoine Lemarié meurt. Marie Carneville se rend à Chauni, demande le partage des biens de la communauté, et transige avec les héritiers, reconnaissant dans l'acte que son mari est mort sans enfans.

Peu de temps après, deux filles, restées seules des quatre enfans nés du commerce de Beance et de Marie Carneville, se présentent, et demandent aux héritiers Lemarié la restitution de sa succession, soutenant qu'elles sont nécessairement ses enfans légitimes, en vertu de la règle *Pater est*, puisque leur mère était sa femme.

La maternité était en effet constante dans la cause.

Assurément il s'en fallait qu'il y eût impossibilité physique à ce que Lemarié et Marie Carneville se fussent réunis des environs de Pontoise aux environs de Rouen ; à ce que Lemarié fût père de ces enfans, ou de l'un d'eux. Cette impossibilité ne fut pas même alléguée. Mais il fallait renoncer à toutes les lumières de la raison, pour croire à cette paternité d'enfans nés pendant un commerce adultérin, et une vie commune de plus de trente ans, avec possession de l'état de gens mariés, les enfans ayant acte de naissance et possession conformes ; tous les actes et tous les faits du mariage d'un de ces enfans, et du traité fait par la mère avec les héritiers de son mari, étant concordans.

Aussi, les conclusions de M. Séguier furent pour déclarer ces enfans non-recevables. « Que » résulte-t-il de leur demande inconsidérée, » disait ce magistrat ? Qu'ils ont couvert d'in» famie le front de leur mère ; qu'ils ont dé» voilé sa turpitude ; qu'ils se sont déclarés » eux-mêmes bâtards adultérins, etc. »

L'arrêt fut conforme aux conclusions. Il est évident qu'abandonnant la règle *Pater est*, on a cédé aux preuves morales, et on s'est refusé à diviser les actes et les faits qui prouvaient à la fois la maternité de Marie Carneville, et la paternité de Beance. Ainsi, en vain on ne pouvait nier et la qualité de leur mère, de femme de Lemarié, et la très-grande possibilité physique de leur réunion : en vain on opposait le principe que les père et mère ne peuvent nuire à l'état de leurs enfans par des déclarations contraires. L'évidence morale de l'impossibilité que la paternité de Lemarié se conciliât avec toutes ces circonstances, l'emporta sur toutes les doctrines.

Les mêmes considérations déterminèrent un autre arrêt rendu la même année 1779, en la grand'chambre du parlement de Rouen, sur les conclusions de M. l'avocat général de Grécourt.

Enfin, on doit encore mettre au rang des exemples de l'impossibilité morale, admise contre la règle *Pater est is quem nuptiæ demonstrant*, plusieurs arrêts qui, écartant cette règle dans le cas de la séparation prononcée pour cause d'adultère de la femme, ont déclaré adultérins les enfans nés et conçus depuis la condamnation ou pendant la poursuite. Tel est celui intervenu dans l'affaire de Gabrielle Perreau, connue sous le nom de *la Belle Épicière*, en 1701, rapporté au Recueil des Causes célèbres, et au Journal des Audiences, tome v. Ce Journal en cite, au même endroit, un autre du 9 mai 1693; cette exception était un point de l'ancienne jurisprudence tenu pour constant.

Or il est évident que cette exception est toute morale, tirée de l'invraisemblance que le mari poursuivant sa femme, et la faisant condamner comme adultère, cohabite cependant avec elle.

Dans les exemples cités, aucune impossibilité physique n'était alléguée, et ne pouvait l'être. Le procès de la belle épicière dura huit à dix ans, pendant lesquels, ayant joui longtemps de sa liberté, elle mit au monde trois enfans, pour la légitimité desquels elle invoquait la présomption légale, et de prétendues réconciliations avec son mari; mais les preuves de ses désordres étaient telles, qu'elle fut définitivement condamnée; et, la condamnation ayant effet rétroactif au jour des premières plaintes du mari, les trois enfans furent déclarés adultérins.

Tel était donc l'état des opinions et de la jurisprudence, lorsque les rédacteurs du Code civil eurent à prendre un parti sur cette importante question, et décrétèrent l'article 313, en ces termes :

« Le mari ne pourra, en alléguant son im-
» puissance, désavouer l'enfant; il ne pourra le
» désavouer, même pour cause d'adultère, à
» moins que la naissance ne lui ait été cachée;
» auquel cas il sera admis à proposer tous les
» faits propres à prouver qu'il n'en est pas le
» père. »

Cette loi fut adoptée après la discussion la plus approfondie, au tribunat et au conseil d'état, dans des séances réitérées où se trouvaient de célèbres jurisconsultes, et les hommes de l'expérience la plus consommée. Les dispositions des lois romaines, l'autorité des docteurs, celle de M. d'Aguesseau, les monumens de la jurisprudence, tout fut pesé.

En reconnaissant la sagesse et l'importance de la présomption *Pater est quem nuptiæ demonstrant*, qu'on posa pour première règle par l'article 312, on fut néanmoins unanime sur la nécessité de recevoir, selon les cas, contre cette règle, d'autres preuves que la seule impossibilité physique, et d'admettre les inductions résultantes de tous les faits propres à porter la conviction dans les esprits.

Les débats ne portèrent que sur la détermination des cas qui fonderaient cette dérogation. On s'arrêta enfin à la réunion de l'adultère prononcé, et de la naissance cachée au mari.

« Si la femme adultère, disait-on, a caché à » son mari sa grossesse, son accouchement, la » naissance de l'enfant; le sentiment qui lui a » dicté ce mystère, et imposé les soins et » l'embarras qu'il exige, est d'une telle pré- » pondérance, qu'il serait injuste de ne pas

» l'appeler en témoignage sur la question de » la véritable paternité.

» Une femme en ce cas ne dit rien ; au con- » traire, elle se tait et se cache : c'est son cœur » lui-même qui, malgré elle, développe ses » replis les plus cachés ; c'est sa conscience qui » laisse échapper son plus mystérieux juge- » ment. Elle se montre toute entière dominée » par la conviction intime à laquelle elle sa- » crifie son propre enfant, et ce que son en- » fant a de plus cher, la légitimité.

» Alors, ce que la présomption légale du » mariage peut exiger, c'est que la présomp- » tion contraire, parvenue à un si haut degré » de puissance, ne suffise pas encore pour la » détruire. Mais on ne peut pas refuser au » mari qui a déjà prouvé le crime de sa fem- » me, et le mystère dont elle a enveloppé le » fruit de son crime, la faculté d'offrir à la jus- » tice les autres preuves qui peuvent complé- » ter la démonstration, et le soustraire aux » charges et à la honte d'une pareille pater- » nité. »

Ainsi fut fixé ce point important de législation, avec une circonspection qui, évitant de se jeter dans aucune extrémité, remet à la justice un pouvoir discrétionnaire fondé sur des motifs du plus grand poids; mais qui, ne lui imposant d'autre loi que celle de sa conviction, lui laisse tous les moyens de conserver à la légitimité son honneur avec tous ses droits, sans la contraindre à couronner le crime, et à protéger l'usurpation dans toute leur évidence.

Éclaircissons maintenant quelques questions qu'on peut élever sur cet article 313, dont l'application est encore toute nouvelle.

Il est d'abord clairement prouvé que l'adultère, isolément considéré, n'est pas une raison suffisante pour juger l'enfant illégitime.

Il n'est pas moins formellement établi que l'adultère devient une cause de désaveu, lorsque la circonstance de la naissance cachée au mari s'y trouve jointe.

Il n'est pas moins littéral que ce cas est une exception à la règle, *l'enfant conçu pendant le mariage a pour père le mari.*

Lorsque l'article 313 ajoute : *Auquel cas il sera admis à proposer tous les faits propres à justifier qu'il n'est pas le père*, on peut se demander : Quels sont donc les faits capables de former cette preuve, lorsque ceux mêmes qui ont été jugés les plus graves, lorsque l'adultère et la naissance cachée n'ont pas paru suffisans pour trancher la question sur la paternité ?

Premièrement, ce ne peut plus être l'impossibilité physique résultante de l'infirmité ou de l'absence, et admise par l'article 312; car ce cas-là n'a pas besoin d'auxiliaire : il est décisif, et se suffit à lui-même. Il ne peut par conséquent être considéré comme le supplément de faits moins absolus. L'article 313 est une autre exception reçue dans un cas spécial, et où la première peut bien ne pas se rencontrer, et n'est plus nécessaire.

Il est évident que, par ces faits, propres à justifier la non-paternité, la loi n'entend rien préciser, et veut exprimer toute circonstance qu'on ne peut spécifier ni prévoir, et dont la réunion avec l'adultère et la naissance cachée compose cette évidence de raison qui produit la conviction.

Veut-on d'ailleurs connaître à quoi peuvent se rattacher ces faits additionnels? Que l'on considère ce qui a porté le législateur à ne pas décider contre la paternité sur le seul fait de l'adultère, lors même qu'il était accompagné de la naissance cachée.

Sur l'adultère, c'est la possibilité de la cohabitation du mari concurremment avec l'adultère.

Sur la naissance cachée, c'est encore la possibilité que le mari, jaloux, ombrageux, mécontent de sa femme, l'intimide par ses soupçons, par des menaces, au point de lui faire redouter son enfantement comme le plus grand des malheurs pour elle.

Il faut convenir que ce dernier motif doit être d'une bien rare application : il y a plus de femmes hardies qui mettent au monde effrontément le fruit de leur adultère, qu'on n'en rencontrera qui le cachent, lorsqu'elles sont en position de l'imputer à leur mari. Cependant, si cette supposition paraît faire violence à la nature, elle n'est pas étrangère au cœur humain; et le législateur a dû l'admettre, et en même temps faire dépendre son influence des circonstances qui peuvent l'accréditer ou la faire rejeter.

Ces circonstances seront donc, celles qui se rapprocheront ou s'éloigneront le plus de la possibilité et de la vraisemblance de la cohabitation; de l'existence ou de la vraisemblance de l'influence, que le caractère et les procédés du mari auront pu exercer sur la conduite de sa femme, déterminée par une terreur insurmontable, plutôt que par une conscience accusatrice.

La circonstance la plus considérable, est sans doute celle de l'absence du mari dans le temps possible de la conception, concourant avec l'adultère, et la naissance cachée; puisqu'en ce cas, la possibilité de la cohabitation, concurrente avec l'adultère, et l'influence du caractère du mari ; celle de ses reproches et de ses menaces présumées, disparaissent ou perdent de leur vraisemblance, autant qu'en acquiert le cri de la conscience de la femme.

Il est, au surplus, sensible que, dans le cas proposé, l'impossibilité physique de la réunion du mari à sa femme ne peut plus être exigée, puisque le cas dont il s'agit est une exception par laquelle, admettant la présomption morale, la loi déroge à la rigueur de cette impossibilité, en même temps qu'à la présomption de la cohabitation conjugale, sur laquelle est fondée la règle *Pater is est.*

Alors la présomption changeant de nature par le fait de la femme, sa position judiciaire change aussi nécessairement : si elle prétend que l'enfant mis au monde est des œuvres de son mari, absent du domicile conjugal, elle ne peut plus se retrancher dans la possibilité physique d'une réunion fugitive et inconnue; elle n'est plus recevable à rejeter sur son mari la preuve contraire; c'est à elle à prouver positivement le fait de la réunion, puisque c'est sa propre conduite qui en fait cesser la présomption, et qu'à la preuve morale admise en ce cas par la loi, elle est dans la nécessité d'opposer un fait positif.

Aussi, serait-ce moralement la plus forte induction qui se pût élever contre elle, que l'impuissance où elle se trouverait d'articuler précisément le fait de la réunion, et d'en offrir la preuve.

Nous avons précédemment annoncé que, sur le fait de la naissance cachée, si important dans la disposition de l'article 313, puisqu'il en est le motif déterminant, il y avait lieu d'examiner ce qu'il fallait entendre par cette dissimulation de la naissance, et quelles circonstances pouvaient la caractériser.

Il est d'abord évident, que la naissance ne peut être hors de la connaissance du mari s'il a connu la grossesse, et que l'ignorance de l'une exige l'ignorance de l'autre.

Mais, première question : y a-t-il naissance cachée lorsque l'enfant est inscrit au registre public sous le nom de sa mère et sous son nom de femme, quoiqu'elle ait été d'ailleurs accoucher hors de son domicile, à l'insu de ses parens et de ses amis, et qu'elle ait dissimulé sa grossesse? Le seul fait de la déclaration au registre public couvre-t-il tous les autres faits de dissimulation, et rend-il la naissance publique?

Il faut d'abord remarquer que la loi ne dit pas généralement, *Et que la naissance ait été cachée*, mais, *lui ait été cachée* (au mari); d'où il suit que, fût-elle connue de tout autre que lui, ce n'est pas le cas et le motif de la disposition. C'est du mari qu'il s'agit, puisque c'est de son intérêt qu'il est question, et de son droit de désavouer l'enfant, et que c'est la conduite de sa femme à son égard qui est à considérer : on sait trop d'ailleurs, que le mari est le plus souvent seul à ignorer ce que tout le monde connaît de l'inconduite de sa femme.

Il faut ensuite observer que, si l'enfant n'était pas inscrit sous le nom de sa mère, s'il n'avait pas l'acte de naissance pour lui, il n'y aurait pas de sujet ni de nécessité de désaveu pour le mari : la femme, ayant à la fois caché son enfantement et son nom dans l'acte de naissance, laisserait l'enfant sans titre et sans moyens pour établir sa légitimité, dans une législation qui lui refuse la recherche d'une maternité qui serait nécessairement adultérine, et qui exige, à défaut de titre ou de possession constante, des preuves écrites émanées des père et mère ou de leurs familles, pour être admis à la preuve testimoniale.

La naissance peut avoir été inscrite au registre public, et que l'un et l'autre soient restés long-temps cachés au mari, comme cela est facile, lorsque la femme est accouchée hors de son domicile.

C'est d'ailleurs au moment même de la naissance que la dissimulation est surtout à considérer ; car il faut bien qu'elle soit ensuite venue à la connaissance du mari lorsqu'il forme son désaveu.

Mais, on peut faire une autre question : Lorsque le mari est lui-même absent au moment de la naissance, peut-on dire qu'elle lui ait été cachée, en quelque lieu que la femme soit accouchée? Cache-t-on un fait à celui qui est absent du lieu où ce fait se passe? Enfin, si l'absence du mari a été la cause de son ignorance, est-ce le cas de la loi, et peut-on dire positivement que la femme ait voulu lui cacher la naissance? Le dira-t-on particulièrement s'il était très-éloigné, au-delà des mers, et dans une longue absence? Le dira-t-on enfin s'il a connu la naissance à son retour?

La question n'est pas difficile à résoudre.

Si la femme est accouchée en son domicile, au vu et su du public, et comme dit la loi, *vicinis scientibus*, et que l'enfant ait été inscrit au registre public sous le nom de la mère ; assurément le mari absent aura bien pu l'ignorer ; mais il ne serait pas possible de dire qu'on le lui ait caché.

Si la femme, en quelque lieu qu'elle soit accouchée par occasion, rejoignant son mari à son retour, lui fait part de la naissance et lui amène son enfant, il ne serait pas plus raisonnable de prétendre qu'elle soit dans le cas de la loi; car ce n'est pas au public que l'on considère si la naissance a été cachée, mais au mari.

Mais si, en l'absence du mari, la femme a pris toutes les précautions et employé toutes les mesures propres à empêcher que son mari ne pût être informé ; si elle a caché au public et à la famille sa grossesse et son accouchement, et qu'à son retour le mari n'ait été instruit qu'occasionellement, par la découverte que le public ou lui-même aura faite de l'existence de l'enfant ; il est évident que c'est bien le cas de la loi ; et que, quoiqu'il pût ignorer la naissance par le fait de son absence, l'intention de la femme n'est pas douteuse. En se cachant du public et de la famille, elle voulait se cacher de son mari, à qui les correspondances de sa famille et la voix publique pouvaient faire parvenir la nouvelle de son accouchement, ou qui l'aurait infailliblement appris à son retour ; et il y a cela de remarquable, comme nous l'avons dit, que, dans le cas supposé, ce n'est plus la terreur dont les mauvais traitemens de son mari ou ses menaces l'auraient frappée, qui a pu la porter à fuir ou à se cacher lorsqu'il était absent, mais le témoignage insurmontable de sa conscience.

Coupable d'un adultère que sa grossesse et son accouchement devaient rendre manifeste, elle a voulu échapper à sa honte en même temps qu'au ressentiment et à la vengeance de son mari lors de son retour, en dérobant à la connaissance de ses proches et du public ; le fruit et la preuve de son crime.

Enfin, lorsqu'elle se cachait de la famille, n'était-ce pas à cause de son mari ; et si elle se cachait en son absence, n'était-ce pas dans la contemplation du moment de son retour ?

Il est donc hors de doute que, le mari, qui, au retour d'une absence assez longue pour embrasser les événemens de la grossesse et de l'accouchement de sa femme, la fait juger coupable d'adultère et du recélé de sa grossesse et de son accouchement, est dans le cas de l'article 313 du Code civil, et autorisé au désaveu de l'enfant dans les termes de cet article.

L'article 318 du Code exige que, dans tous les cas de désaveu, l'acte extrajudiciaire par lequel il aurait été déclaré, soit dans le délai d'un mois suivi d'une action en justice dirigée contre un tuteur donné à l'enfant, *et en présence de la mère.*

Ainsi, le Code suppose la mère vivante ; mais il peut arriver qu'elle meure avant que l'apparition de l'enfant ait donné lieu à l'action en désaveu : il se peut aussi, dans le cas où le désaveu serait fondé sur l'adultère et la naissance cachée, que le mari ait accusé sa femme, et l'ait fait condamner avant d'avoir découvert l'existence de l'enfant : il se peut que la femme, déjà condamnée par le jugement intervenu contre elle, ou cédant au cri de sa conscience ne comparaisse pas, et laisse agir l'enfant assisté d'un tuteur *ad hoc*, s'il est mineur, ou seul, s'il est majeur, espérant d'ailleurs que, usant de ses moyens personnels, il se défendra avec encore plus d'avantage.

Quelle influence aura sur la cause de l'enfant la mort de la mère, son défaut, ou sa condamnation antérieure?

Il est d'abord évident que la mort de la mère, intervenue dans les délais donnés au mari ou à ses héritiers, pour former leur action en désaveu, ne peut éteindre cette action, qui a l'état de l'enfant pour objet : il faut nécessairement alors que la cause se poursuive contre l'enfant seul.

La même chose arrivera, si l'existence de l'enfant n'étant venue à la connaissance du mari qu'après la condamnation de la femme connue adultère, elle ne vient pas de nouveau comparaître sur l'action en désaveu. On ne pourra que faire constater son défaut de comparution.

Il en sera de même encore, si le mari, déterminé par l'apparition même de l'enfant à opposer l'exception d'adultère et de naissance cachée, poursuit conjointement par la voie purement civile, l'action en désaveu et en adultère. Il se peut que la femme accusée par sa conscience, humiliée par la connaissance qu'elle a des preuves existantes contre elle, jugeant d'ailleurs que la cause de l'enfant ne pourrait que souffrir de sa présence et d'un jugement contradictoire avec elle, préfère de se laisser juger par défaut.

Ces différentes circonstances peuvent donner lieu à diverses questions.

Dans les cas de désaveu, autres que celui de l'adultère, le décès de la mère ou son défaut de comparution ne peuvent apporter de changement sensible à l'état de la question, qui porte sur des faits positifs et sur des dates; soit qu'il s'agisse d'un enfant né avant le cent quatre-vingtième jour du mariage, ou d'un posthume venu après le trois centième de la mort du mari; soit que le désaveu soit fondé sur l'impossibilité résultant de l'absence, ou d'infirmités du mari, et qu'il y ait lieu à l'application absolue de la maxime, *Pater is est quem nuptiæ demonstrant.*

Mais l'adultère et la naissance cachée sur lesquels porte principalement le désaveu autorisé par l'art. 313, sont les faits personnels de la mère, dont l'établissement et le débat semblent ne pouvoir se passer de sa présence. Le mari perdra-t-il son action par le décès de sa femme, ou son défaut de comparution? L'enfant serat-il obligé d'en souffrir la discussion hors la présence de sa mère?

Il est certain que le mari, par l'effet de la mort de sa femme, ou par le fait de celle-ci, ne peut pas plus que l'enfant perdre son action, et qu'il doit en conserver tous les moyens, autant que l'état des choses le permet.

La mort de la femme éteint l'action criminelle pour le fait de l'adultère, mais non pas l'intérêt civil du mari et de ses ayant-cause, pour écarter par toutes voies de droit l'enfant qui se dit légitime; et d'abord la mort ou l'absence de la femme n'ôtent au mari aucun de ses moyens d'établir que la naissance lui a été cachée; mais, sur le fait de l'adultère, il peut perdre à ce que l'instruction ne soit pas faite avec la femme. L'enfant peut y perdre également, selon les cas, et selon que les preuves produites sont écrites ou testimoniales.

Si la femme est morte dans l'intégrité de son état, et avant toute plainte portée contre elle, la présomption sera en faveur de son innocence. L'enfant opposera toute exception tirée de la remise de l'injure, de la réconciliation prouvée ou présumée, ou de la prescription. Le mari soutiendra son action par la nécessité à laquelle le réduisent l'apparition et la prétention de l'enfant, et repoussera les fins de non-recevoir par les moyens qui se tirent de la découverte de la fraude, et par le droit particulier de son action en désaveu contre l'enfant, distinct de la poursuite de son injure contre sa femme.

Dans cette position, la preuve de l'adultère pourrait encore s'acquérir par les correspondances avec la femme, et autres écrits ou faits émanés d'elle-même qui le manifesteraient.

Si la femme vivante fait défaut, refusant de comparaître, sa défection s'interprètera contre elle, et sera préjudiciable à l'enfant, qui ne pourra pas alléguer son ignorance des faits, et qui sera tenu de toutes les justifications à la charge de sa mère ; c'est ce qui arrive lorsque la légitimité est contestée à défaut de représentation de l'acte de mariage.

Si les père et mère sont morts, l'enfant n'est pas tenu à la production de cet acte, auquel il n'a pas été partie, production qui peut lui être impossible ; en ce cas, sa possession d'état suffit au succès de sa cause.

Mais, si l'un ou l'autre existe, il n'est pas recevable à alléguer son ignorance et son impuissance. Il peut ce que ses père et mère peuvent ; et s'ils ne lui fournissent pas le titre, s'ils se tiennent à l'écart pour en être dispensés c'est que le titre n'existe pas.

C'est ce qui résulte de la disposition de

l'art. 197 du Code civil. Les mêmes inductions doivent amener la même conséquence contre l'enfant désavoué dont la mère fait défaut. La charge des preuves que la mère aurait à faire, retombe toute entière sur l'enfant; et sa fuite équivaut à une confession.

Nous avons aussi posé le cas, où la découverte de l'existence de l'enfant, et, par suite, le désaveu n'auraient lieu que postérieurement au jugement d'adultère de la femme; car il pourrait se faire que le mari en ait instruit l'action, pour faire prononcer sa séparation d'avec sa femme; et qu'il y ait réussi, sans savoir qu'il fût né un fruit de ses désordres; enfin, qu'il n'en acquière la connaissance que long-temps après. Il pourrait même arriver, que l'enfant adultérin ne parût qu'après la mort du mari pour recueillir sa succession, et que l'action s'engageât avec les héritiers.

L'enfant, se renfermant dans ses faits et moyens personnels, pourra-t-il écarter tout ce qui aura été jugé avec sa mère, prétendant que cela lui est étranger, comme n'ayant pas été jugé avec lui?

Non sans doute : la cause personnelle de la mère, et ses propres faits jugés avec elle, le sont légalement et irrévocablement; et, si ces faits ont de l'influence sur la cause de l'enfant et sur son état, c'est une conséquence de fait et de droit à laquelle il ne peut échapper. Il peut bien discuter et combattre l'application qu'on lui en fait, les argumens qu'on en tire contre sa légitimité, mais non remettre en question la vérité des faits définitivement jugés avec la mère.

Ainsi, dans le cas de l'art. 313, l'adultère et tous les faits relatifs définitivement jugés avec la femme, demeurent pour constans vis-à-vis de l'enfant. Le mari, en intentant cette action, a usé d'un droit qui n'appartenait qu'à lui : il a poursuivi une instance exclusive entre sa femme et lui ; et lorsque la loi admet l'adultère et la naissance cachée, comme un principe de désaveu, et une exception contre la règle *Pater is est*, ces faits jugés avec la mère, préjudicient à l'enfant, en ce que, aux termes de cette loi, ils font admettre la présomption de tous les faits propres à justifier le désaveu.

Avec les questions particulières que peut faire naître l'application de l'article 313 du Code à l'état des enfans nés, et aux désaveux formés depuis le Code, peut se présenter celle de savoir si cette application se devra faire à la cause de ceux qui sont nés, et aux désaveux formés, et non jugés avant le Code; ce qui ne paraît pas devoir souffrir de difficulté.

L'article 313 n'est que déclaratif de principes. C'est un article doctrinal qui régularise une action, en établissant pour les juges une règle pour l'admettre ou la rejeter; et qui détermine l'influence de certains faits pour obtenir la preuve du fait qui est à juger; ce qui est nécessairement applicable à tout jugement rendu postérieurement, quoique sur des faits antérieurs.

Il ne s'agit pas là d'un titre constitué ou d'un droit acquis antérieurement, mais de faits contestés, et de la manière de les établir et de les juger; des faits contestés ne forment aucun droit jusqu'au moment qui les constate et qui en détermine la valeur. C'est donc à la loi existante au jour du jugement à gouverner les juges sur la réception et l'appréciation de ces faits; et le jugement seul constituera le droit qui en résulte.

Ainsi, un enfant est né d'une femme mariée; le mari le désavoue: en cet état une loi est promulguée, qui détermine des règles pour juger ces désaveux et les faits propres à les justifier; cette loi doit incontestablement gouverner le jugement à intervenir.

C'est sur un semblable principe que les articles 194 et 195 du Code, qui, pour adjuger les droits du mariage, exigent la représentation de l'acte de célébration, ont été plusieurs fois jugés applicables aux mariages contractés antérieurement, et que la prétention de justifier le mariage par la possession, en s'appuyant de jurisprudences existantes avant le Code, a été rejetée.

A quoi il faut ajouter que, la décision est d'autant moins susceptible de difficulté, que l'article 313, en admettant ces règles de juger, n'a fait que fixer une jurisprudence précédemment controversée, et déjà plusieurs fois appliquée sur l'admission de l'impossibilité morale en fait de paternité, et comme exception à la règle *Pater is est quem nuptiæ demonstrant.*

Tels sont les principaux éclaircissemens dont cette disposition remarquable du Code civil nous semble susceptible; et, comme sa juste application importe aux mœurs autant qu'à l'état civil, le rapprochement et la discussion des règles auxquelles cette disposition se rattache, nous ont paru un travail utile à mettre sous les yeux de ceux qui sont appelés à faire cette application.

Il importe qu'une disposition sage et réfléchie, fondée sur la raison, sur l'expérience, sur une doctrine dès long-temps professée, sur une jurisprudence déjà ancienne, et qui, en fournissant aux juges des bases de la plus haute considération dans l'ordre des lois et des mœurs, s'en remet sur l'application à leur conscience et à leur sagesse, ne soit pas prise pour une innovation téméraire, fruit de la licence et de l'esprit de révolution.

Nos mœurs réclamaient contre une application outrée de la maxime *Pater is est*, propre à encourager encore l'adultère, qui déjà marche si dégagé, et le front si découvert. Il ne faut pas que cette application, contredite par une évidence de raison et de sentiment, soit un scandale pour la société, une affliction pour le juge, et un supplice, au lieu d'une sûreté pour les familles; et que le magistrat, distinguant sa conviction comme homme, de son opinion comme juge, se croie obligé d'étouffer sa conscience pour faire son devoir; car jamais la loi n'a pu l'exiger de lui, et vouloir distinguer le juge de l'homme dans une matière de faits et de présomptions.

C'est pour lui sans doute un sujet de mûre délibération et de grande circonspection, ayant à balancer des intérêts également chers à la société; et à conserver des principes sur lesquels elle est assise; mais aussi, ce n'est pas à des doutes, à des apparences, que la loi l'autorise à s'arrêter; c'est à cette évidence, à laquelle on ne voit rien de raisonnable à opposer; à cette conviction qui fait dire : Il est impossible de croire qu'il en soit ainsi, ou que cela soit autrement.

FIN.

www.ingramcontent.com/pod-product-compliance
Ingram Content Group UK Ltd.
Pitfield, Milton Keynes, MK11 3LW, UK
UKHW021014200726
13857UKWH00004B/1439